오
막
오
막

한그루　　　　　　　　　제주전통음식 레시피
시선　　　　　　　　　　제주어 시집

오막오막

김섬 지음

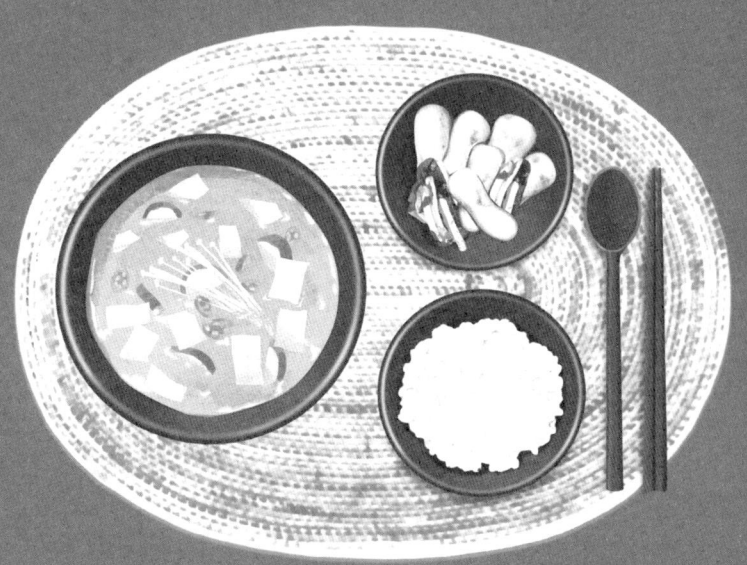

한그루

自序

ㄴ물국에
고추전에
초마기짐치에
상추쌈에
참외 오디 무화과

우영팟 송키들로
오늘도 한 상 가득
오막오막 맛있게

한라수목원 황토집에서
김섬 손모음

차례

	05	自序
하나 **봄**	10	멜국
	12	전복죽
	16	보말죽
	20	구젱기적
	24	자리젓
	26	마농지
	30	추마기짐치
	34	꿩마농
	36	제주청태콩장
둘 **여름**	42	호박입국
	44	쿳국
	46	자리횟국
	50	주베기
	54	우미 잔치
	56	깅이 반찬
	58	콩입에 멜젓
	60	보리개역
	64	쉰다리
싯 **ᄀ슬**	68	콩국
	70	둠베궤기

	74	고사리 육개장
	76	고갈비
	78	객주리 졸임
	80	갈치속젓
	84	호박 탕쉬
	88	청묵
	92	상웨떡

닛 **저슬**	98	생선국
	100	몸국
	102	ㄴ물 된장국
	104	ㅁ멀칼국
	106	동지폿죽
	108	빙떡
	112	멩질떡
	116	오메기술
	120	꿩엿
	122	돔박지름 빠는 날

우리들의 발문	126	객주리 졸임에 환장하는 안상학(시인)
	132	엄마밥 김수현(전통주 소믈리에 · 와인 소믈리에)

하나
―
봄

멜국

멜국은 봄에 먹어사주
오월에 나는 꼿멜로 끌려사
진쯔 멜국이주

사오기꼿 피어나곡
유채고장도 피어나가민 바당에도
와랑와랑 꼿이 피는 거라

멜 들엇저 웨울르는 소리에
ᄋᆞ망ᄋᆞ망 모다졍 바구리 그득 담아오민
몬저 멜국부터 끌리는 거주

싱싱흔 꼿멜 놓곡
우영팟 ᄂᆞ물만 놓앙 끌려도
베지근ᄒᆞ니 속이 확 풀리곡
웃음이 절로 나주

꼿피는 봄이 뒈고정ᄒᆞ민
꼿멜국을 먹어사 ᄒᆞ주

멜국

멜국은 봄에 먹어야 하지
오월에 나는 꽃멜로 끓여야
진짜 멜국이지

벚꽃 피어나고
유채꽃도 피어나가면 바다에도
와랑와랑 꽃이 피는 거야

멜 들었저 외치는 소리에
우글우글 모여들어 바구니 가득 담아오면
먼저 멜국부터 끓이는 거지

싱싱한 꽃멜 넣고
텃밭 얼갈이만 넣고 끓여도
개운하니 속이 싸악 풀리고
웃음이 절로 나지

꽃피는 봄이 되고프면
꽃멜국을 먹어야 하지

전복죽

희영훈 전복죽은 전복죽이 아니라
게웃이 들어간 푸리롱훈 전복죽이
제라진 전복죽이주

제라진 전복죽은 입에 놓자마자
꿀딱꿀딱 숨져지곡 그릇꼬지 할타먹어지주

요지금은 문 양식 전복
좀수가 잡은 손바닥만 훈 전복은
꿈에서나 시꿔사주

크쿨이 싯엉
똥 담아진 베설 떼어내곡
이빨은 헤양훈 꼬랑지만 빼불곡
게웃은 따로 싯어논 쏠에 놓앙
손으로 박박 주물르멍 서꺼놓아사주

춤지름 부어놓앙
게웃 서끈 쏠 몬저 볶앙

전복죽

희멀건 전복죽은 전복죽이 아니야
전복내장이 들어간 파르스름한 전복죽이
진짜 전복죽이지

진짜 전복죽은 입에 넣자마자
꿀딱꿀딱 삼켜지고 그릇까지 핥아먹어지지

요즘은 모두 양식 전복
해녀가 잡은 손바닥만 한 전복은
꿈에서나 봐야지

깨끗이 씻어
똥 담긴 내장 떼어내고
이빨은 허연 꼬랑지만 빼내버리고
내장은 따로 씻어놓은 쌀에 넣어
손으로 박박 주무르며 섞어두어야

참기름 부어놓고
내장 섞은 쌀 먼저 볶다가

썰어논 전복이영 물 놓앙 끌리곡
간은 소금으로 ᄒᆞ곡

귀ᄒᆞ게 끌려사
귀훈 사름덜이영 ᄒᆞ디
기운 나게 먹주

썰어놓은 전복하고 물 넣어 끓이고
간은 소금으로 하고

귀하게 끓여야
귀한 사람들하고 함께
기운 나게 먹지

보말죽

4월 초파일은 햇 ᄀ메기* 잡는 날
저냑 먹엉 미리셍이 홰 준비ᄒ엿당
어둑ᄒ여가민 ᄒ저 바당터레 돌려가사 ᄒ다
보말 하영 나는 빌레는
동네 사름덜이 몬 알아브난
ᄒ저 가사 자리 추지ᄒ여진다

어마넝창ᄒ다
빌레 우터레 곰작곰작 올라온 저 보말덜
어디 곱앗당 영 나왐신고
아이덜은 구경ᄒ기 바쁘곡
어른덜은 줏어 담기 바쁘다

수두리보말 먹보말 메홍이 돌포말
젤 술찌고 젤 맛존 초파일 보말
식구덜 둘러앚앙 까곡 또 까곡
하영 줏어먹은 아이덜은 벤소에 들락날락ᄒ멍도
어멍이 보말죽 쑤어주민 오꼿 ᄒ 사발 모시딱 비운다

고둥죽

4월 초파일은 홰 밝혀 보말 잡는 날
저녁 먹고 일찌감치 홰 준비했다
어둑해지면 얼른 바다로 달려가야 한다
보말 많이 나는 너럭바위는
동네 사람들이 다 알아버려
빨리 가야 자리 차지해진다

굉장하네
너럭바위 위로 곰지락곰지락 올라온 저 보말들
어디 숨었다 이리 나오나
아이들은 구경하기 바쁘고
어른들은 주워 담기 바쁘다

팽이고둥 밤고둥 두드럭고둥 문다드리
제일 살찌고 제일 맛좋은 초파일 보말
식구들 둘러앉아 까고 또 까고
많이 집어먹은 아이들은 변소에 들락날락하면서도
어머니가 보말죽 쑤어주면 후딱 한 그릇 다 비운다

아방 좋아ᄒ는 보말국도 끌리곡
톨이영 ᄀ치 무청 반찬도 멩글곡
경ᄒ여도 남으민 죽 ᄒ 번 또시 쑬 거다
할망 하르방이 막 좋아해브난
아이덜은 포부떵 ᄀ치 먹는 거다

✱ ᄀ메기: 보말(고둥)의 다른 이름.

아버지 좋아하는 보말국도 끓이고
톳이랑 같이 무쳐 반찬도 만들고
그래도 남으면 죽 한 번 더 쑬 거다
할머니 할아버지가 무척 좋아해서
아이들은 덩달아 같이 먹는 거다

구젱기적

구젱기는 좀수 아니라도
ᄌ물아질 때가 싯주
어떵ᄒ당 구젱기 봉근 날은
ᄉ뭇 ᄉ망 인 날이주

놀로 먹곡
젓으로도 담그곡
구윙도 먹주마는
식게 멩질 땐 적으로 올려사주

고젱이로 돌령 까질 만이만 숢앙
장물 촘지름 양념ᄒ영
고지에 꿰영 지지는 거주

놀로도 먹는 거난
그자 양념 밸 만이만 솔짝
하영 지지민 질기주

뜬난 적 ᄒ여놓아도

뿔소라적

뿔소라는 해녀 아니어도
잡아질 때가 있지
어쩌다 뿔소라 주운 날은
사뭇 재수 좋은 날이지

날로 먹고
젓갈로도 담그고
구워서도 먹지만
제사 명절 때는 적으로 올려야지

꼬챙이로 돌려 까질 만큼만 삶아
간장 참기름 양념하여
꼬치에 꿰어 지지는 거지

날로도 먹는 거니
그저 양념 밸 만큼만 살짝
많이 지지면 질기지

다른 적 해놓아도

구젱기적만 촟으난
하영 ᄒ느렌 ᄒ당 봐도
돌아사민 메기독닥

뿔소라적만 찾으니
많이 한다고 하다 봐도
돌아서면 텅텅

자리젓

저슬 지낭 음력 3월 보름 뒈민
첫 자리젓을 둠앙 놔두어사 듬삭ᄒᆞ다
뼈 쎄어지기 전의 호끌락ᄒᆞᆫ 자리덜로

어느제랑 익으코 굼굼ᄒᆞ여도
든든ᄒᆞ게 싸그네 두껑 올지 말앙
제라지게 익을 때꼬정
ᄀᆞ만이 놔두어사 ᄒᆞᆫ다
아는 체도 ᄒᆞ지 말앙 ᄀᆞ만이

잘 익은 자리젓은 불고릉ᄒᆞ니 곱닥ᄒᆞ다
자리는 나 자리여 홀 만이 살아싯곡
내장은 간디어시 ᄒᆞ디 서꺼져야
맛 지픈 자리젓이 뒌다

쿠싱ᄒᆞᆫ 자리젓 ᄒᆞ나 이시믄
뚠 반찬이 필요엇다
너미 쿠싱ᄒᆞᆫ 방구만 멩심ᄒᆞ민 뒌다

자리젓

겨울 지나 음력 3월 보름 되면
첫 자리젓을 담가 놔두어야 듬직하다
뼈 세어지기 전에 조그마한 자리들로

언제면 익을까 궁금하더라도
단단히 싸서 뚜껑 열지 말고
제대로 익을 때까지
가만히 놔두어야 한다
아는 체도 하지 말고 가만히

잘 익은 자리젓은 발가니 곱다
자리는 나 자리여 할 만큼 살아있고
내장은 간데없이 함께 섞여있어야
맛 깊은 자리젓이 된다

구수한 자리젓 하나 있으면
다른 반찬이 필요 없다
너무 구수한 방구만 조심하면 된다

마농지

마농지 담그젠 ᄒ민 미릇
돌코롬ᄒ게 맛든 저슬 놈삐로
생기리를 멩글앙 놔두어사 ᄒ니다
생기리 어신 마농지는 ᄒ썰 맛이 쎕니께
생기리가 들어가사 산도록ᄒ곡
벳소곱도 펜안ᄒ 마농지가 뒈는 거우다

우리 할망은 청태콩 장물로만 둠앗주마는
요지금은 둔것도 놓곡 초도 놓곡 ᄒ영
멋들어지게 둠앙 느 것이 맛좋다 나 것이 맛좋다
ᄃ투멍 솜씨 자랑덜을 ᄒ디다마는
양조간장에 설탕 부어놩 둠지 말앙
청태콩 장물에 발효액이영 천연발효식초를
ᄒ디 놩 둠아사 맛좋곡 약 뒈곡 ᄒ는 거우다

더위 왕 입맛 어서가민
물에 좀앙 마농지에만 먹어도 밥이 ᄂ려가고
묵은 마농지 놩 바릇궤기 조려놓으민
밥도독이 또로 어십주

마늘장아찌

마늘장아찌 담그려면 미리
달콤하게 맛 든 겨울 무로
무말랭이를 만들어 놔두어야 합니다
무말랭이 없는 마늘장아찌는 약간 맛이 세니까요
무말랭이가 들어가야 개운하고
뱃속도 편안한 마늘장아찌가 되는 겁니다

우리 할머니는 청태콩 간장으로만 담갔지만
요즘은 단것도 넣고 초도 넣고 해서
멋들어지게 담가 네 것이 맛좋다 내 것이 맛좋다
다투며 솜씨 자랑들을 합디다마는
양조간장에 설탕 부어와 담그지 말고
청태콩 간장에 발효액이랑 천연발효식초를
함께 넣어 담가야 맛좋고 약 되고 하는 겁니다

더위 와서 입맛 없어지면
물 말아서 마늘장아찌에만 먹어도 밥이 넘어가고
묵은 마늘장아찌 넣고 생선 졸여놓으면
밥도둑이 따로 없지요

게난 마농대 훍어가는 봄 나민
집집의 어머니 둠아난 마농지 데물령
훈 망데기 둠앙 놔두어사 므슴 놓아집니께

그러니 마늘대 굵어가는 봄 되면
집집에 어머니 담갔던 마늘장아찌 대물려
한 단지 담가두어야 마음 놓아지지요

추마기짐치

건들이지 말라
건들민 풀내 난다

우영팟디 추마기 소까내영
추마기짐치 돕젠 ᄒ난
우리 어멍 웨는 소리 들렴저

ᄒ 번만 시치곡
ᄒ 번만 뒈싸사주
자꼬 건드려가민 용심내영
풀내 나불민 베리는 거렌

놀싹ᄒ 봄 입맛 살루어낼
추마기물짐치엔 보리죽을 쑤어 놓곡
벌겅ᄒ 추마기짐치에는 지실 ᄉᆞᆷ앙 문대겨 놓아사
제라진 맛이 난덴

영 맛존 추마기짐치 돕젠 ᄒ난
춘삼월에 씨 뿌리곡 베렝이 다울리멍

열무김치

건들지 마라
건들면 풋내 난다

텃밭에 열무 솎아내서
열무김치 담그려니
우리 엄마 외치는 소리 들리네

한 번만 씻고
한 번만 뒤집어야지
자꾸 건들면 화내어서
풋내 나버리면 버리는 거라고

나른한 봄 입맛 살려낼
열무 물김치에는 보리죽을 쑤어 넣고
벌건 열무김치에는 감자 삶아 으깨 넣어야
제대로 맛이 난다고

이토록 맛난 열무김치 담그려고
춘삼월에 씨 뿌리고 벌레 쫓아내며

두 둘을 우영팟디 동산 거주
크는 양 소끄멍 봄 내낭 먹어지키여

두 달을 텃밭에 지켜선 거지
크는 대로 솎으며 봄 내내 먹겠네

꿩마농

드르에 고사리 꺾으레 가민
베리지 안ᄒ여도 베려지는 게 꿩마농이라

다듬젠ᄒ민 ᄒ루헤천이난
기냥 가불젠 ᄒ여도
방삭방삭 웃으멍 나 발모게기를 잡암신게

복복 불휘ᄭ지 빠그네
아무상어시 담앙 왕
ᄒ나씩 다듬어사주

탁 저르진디 선선ᄒ뎬 붕진거리당도
꿩마농지 멩글앙 밥 보벼먹으민
시름이 싹기 보세지주

것절이로 무치민 나간 입맛이 돌아오곡
뒌장찌개에 들이치민 봄비바리추룩 훤ᄒ여지난
봄읜 훌 수 어시 꿩마농 봉그레
이디 저디 나댕겨사켜

달래

들에 고사리 꺾으러 가면
보지 않아도 보이는 게 달래야

다듬으려면 종일이라
그냥 가버리려 해도
방긋방긋 웃으며 내 발목을 잡네

복복 뿌리까지 뽑아
아무렇지 않게 담아 와서
하나씩 다듬어야지

딱 바쁜데 귀찮다고 투덜거리다가도
달래장 만들어 밥 비벼먹으면
시름이 싸악 가셔버리지

겉절이로 무치면 나갔던 입맛이 돌아오고
된장찌개에 넣으면 봄처녀처럼 환해지니
봄엔 할 수 없이 달래 캐러
여기 저기 나다녀야겠네

제주청태콩장*

ㅎ썰 도렌 곧지 맙서
나 이거 어시믄 못 사난예
하간 음식에 이걸 놓아사 맛이 나곡 약이 뒈난
목숨ㄱ치 귀흔 음식이우다

ㅎ썰 도렌 곧지 맙서
경 ㅎ루아척에 뚝딱 멩글라지는 게 아니라브난예
푸린 콩 싱거놓으민 베렝이도 맞존 건 알앙
믄저 톤아먹어노난 막 멩심ㅎ영 직ㅎ여삽니께

ㄱ슬에 콩 거두엉 동짓달 그믐에 콩 숢곡
섣달그믐 손 어신 날에 장 둠곡
춘삼월에 장 거르곡 벳 초이곡 브름 쐬우멍
두 해를 냉겨사 올케로 맛이 나난예

게난 엿날부터도
장은 흠부로 도렌 ㅎ는 게 아니렌 햇주예
똘이 도렌 ㅎ여도 돈 받는 서늉을 ㅎ멍 줘시난예
장 어시민 집안 망흔덴 당췌 말도 못 꺼내십주

제주청태콩장

좀 달라고 하지 말기를
나 이거 없으면 못 사니까요
온갖 음식에 이걸 넣어야 맛이 나고 약이 되어
목숨같이 귀한 음식입니다

좀 달라고 하지 말기를
그리 하루아침에 뚝딱 만들어지는 게 아니라서요
푸른 콩 심어놓으면 벌레도 맛있는 건 알아
먼저 뜯어먹어버리니 아주 명심해서 지켜서야 해요

가을에 콩 거둬들여 동짓달 그믐에 콩 삶고
섣달그믐 손 없는 날에 장 담그고
춘삼월에 장 거르고 볕 쪼이고 바람 쏘이며
두 해를 넘겨야 옳게 맛이 나니까요

그러니 옛날부터도
장은 함부로 달라고 하는 게 아니라고 했지요
딸이 달라고 하여도 돈 받는 시늉을 하며 주었으니
장 없으면 집안 망한다고 당최 말도 못 꺼냈어요

할마님 뭬시듯기 ᄒᆞ당 보아도
집안에 궂인일 싯젠 ᄒᆞ민 장부터 궂엉
어떵 ᄒᆞ지도 못ᄒᆞ고 드러앚앙 넉울어집니께

ᄒᆞ다 아무상어시 장 ᄒᆞ썰 도렌 ᄀᆞ지 말아줍서
이제꺼지도 이 장 어시믄 나 못 사난예

*푸린독세기콩장: 장을 담는 장이라 하여 장콩, 푸른 달걀을 닮았다 하여 푸린독세기콩, 청태콩이라고도 하며 푸른 콩으로 만든 제주청태콩장은 '맛의 방주 1호'에 지정되었다.

신주 모시듯 하다 봐도
집안에 궂은일 있으려면 장부터 궂어져
어찌 하지도 못하고 주저앉아 넋울어져요

제발 아무 생각 없이 장 좀 달라고 하지 말아주세요
지금까지도 이 장 없으면 나 못 사니까요

둘

여름

호박입국

저슬읜 ᄂ물 뒌장국
여름읜 호박입국이다

호박보단 더 반가운 호박입이라도
우거지기 전의 ᄆ신딱이 톤아불민 호박 농시 망흔다
우거지기 시작ᄒ여가민 솖으듯이 톤앙 먹는 거다

호박입 멧 개 톤아당 가풀 벳겨내곡
바락바락 비비멍 뽈앙 거친 거 눅들곡
메르치 육수에 뒌장이영 호박입 놓앙 끌리당
ᄀ루 뒈직ᄒ게 물에 탕 풀어 놓아야
끼니ᄀ치 든든흔 국이 뒌다

장마 지낭 입 구져지기 전의
미릇 톤앙 데우쳥 냉동고에 제겨 놓으민
저슬도 여름이 뒌다

호박잎국

겨울엔 배추 된장국
여름엔 호박잎국이다

호박보다 더 반가운 호박잎이라도
우거지기 전에 다 뜯어버리면 호박 농사 망한다
우거지기 시작해가면 솎듯이 뜯어 먹는 거다

호박잎 몇 개 뜯어다 껍질 벗겨내고
바락바락 비비며 빨아 거친 거 누르고
멸치 육수에 된장이랑 호박잎 넣어 끓이다가
가루 되직하게 물에 타 풀어 넣어야
끼니같이 든든한 국이 된다

장마 지나 잎 굿어지기 전에
미리 뜯어 데쳐 냉동고에 쟁여 놓으면
겨울도 여름이 된다

퀫국

바당에 강 퀴영 솜이영 주물아 오민
반착으로 갈랑 소곱에 노랑흔 알만
족은 수까락으로 ㅋ컬ᄒ게 골려내사주
흔 망시리 작업ᄒ여도 막상 다듬아보민 하지 안ᄒ여
경ᄒ난 퀴가 귀흔 거주

출렷댄 ᄒ는 큰일집원
똑 퀫국이 이서사주
메르치 육수에 메역 놓앙 끌리당
퀴 놓앙 보르륵 끌려내기만 ᄒ여도
베지근ᄒ니 입에 촉 부떠불주
퀴가 원체 맛이 이시난

시방은 퀴도 귀ᄒ영
흔 해 먹을 퀴 구ᄒ젠 ᄒ민
큰 줌수들 잘 사귀어 놓앗당
미릇 맞촤사 ᄒ주

성게국

바다에 가 성게랑 말뚱성게랑 채취해 오면
반으로 갈라 속에 노란 알만
작은 숟가락으로 깨끗하게 골라내야 하지
한 망사리 작업해도 막상 다듬어보면 많지 않아
그러니 성게가 귀한 거지

차렸다고 하는 경조사엔
꼭 성게국이 있어야지
멸치 육수에 미역 넣고 끓이다
성게 넣어 보르륵 끓여내기만 해도
속이 노긋하니 입에 촉 붙어버리지
성게가 워낙 맛이 있으니

지금은 성게도 귀해
한 해 먹을 성게 구하려면
큰 해녀들 잘 사귀어 두었다
미리 맞춰둬야 하지

자리횟국

땅도 뎁혀지곡
바당도 뎁혀져노난
자리덜 문짝 건드렁훈 디로 올라가불고
자리철 나도 자리 보기 어렵수다

여름에 자리횟국 어시
살아질 거우꽈

우영에 물외 소랑소랑 커가곡
유입 제피도 상 짚어 가는디
우리 집 청태콩장 맞지 좋게 맛들엉
수뭇 줍아둥기는디

공천포더레 가보카
보목리더렐 가보카
작년원 그디서 자리횟국
촛안 먹어저렌 ᄒ던디

자리횟국

땅도 데워지고
바다도 데워져놓으니
자리들 몽땅 시원한 데로 올라가버리고
자리철 나도 자리 보기 어렵네요

여름에 자리횟국 없이
살아질까요

텃밭에 물외 소랑소랑 커가고
깻잎 초피도 향 짙어 가는데
우리 집 청태콩장 알맞게 맛들어
사뭇 잡아당기는데

공천포 쪽으로 가볼까
보목리 쪽으로 가볼까
작년엔 거기서 자리횟국
찾아서 먹었다고 하던데

여름에 자리횟국 못 먹엉
살아질 거우꽈
춤 큰일은 큰일이우다

여름에 자리횟국 못 먹고
살아질까요
참 큰일은 큰일이네요

주베기

통밭알*에서 조개 파온 날은
주베기 ᄒᆞ는 날

무수채 놓곡 조개 놓앙 퀘어가민
밀ᄀᆞ루 몰아놔둔 거 톤아 놓아사

온 식귀가 먹젠ᄒᆞ민
이신 손은 ᄆᆞᆫ 들러부떠사

할망은 어느제랑 문딱 ᄒᆞ는넨
주먹만이씩 톤아 놓곡

우린 크민 맛엇넨
손톱만 ᄒᆞ게 톤아 놓주

언니덜 한한ᄒᆞᆫ 벗네 집의선
둘러사듬서 고찌덜 즐게 톤아 놓는디

수제비

통밭알에서 조개 파온 날은
수제비 하는 날

무채 넣고 조개 넣어 끓으면
밀가루 반죽해둔 거 뜯어 넣어야

온 식구가 먹으려면
있는 손은 다 들러붙어야

할머니는 언제 다 하느냐고
주먹만큼씩 뜯어 넣고

우린 크면 맛없다고
손톱만 하게 뜯어 넣지

언니들 많은 친구네 집에선
둘러서서 잘게 뜯어 넣는데

신 느린 연물 소리추룩
둑지가 들싹들싹

드그락 드그락 뜨신 그 맛에
물만 싸민 바당터레 돌아낫주

* 통밭알: 성산포에 있는 바다 지명. 바지락 등 조개를 캘 수 있는 갯벌이다.

신 내린 연물 소리처럼
어깨가 달싹달싹

달그락 달그락 따순 그 맛에
물만 빠지면 바다로 달려갔었지

우미 잔치

우미 큰 벙뎅이 들렁 놀레 나온 아인 식게칩
아이추룩 둑지가 올라가낫주 돌아가멍 흔입씩
멕이당 족아가민 이녁집터레 돌려강 솟두껭이를
읏는 거라 큰 솟에 ᄀ득 쑤어놔둥 어멍은 물질ᄒ레
가불민 동네잔치가 뒈는 거주

그 작산 걸 다 먹어치와시녠 어멍신디 욕 듣는
소리가 쟁쟁 엽집꼬지 넘어와 가민 눈치 잰 엽집
어멍도 잘 바렌 우미 어가라 싯엉 앚지주

개역 풀어낭 냉국 해먹을 셍각에 춤이 꼴깍
넘어가주마는 오래 끌리곡 걸르곡 식형 굳히곡
ᄒ젠 ᄒ민 날 꼴딱 샐 거주

우무묵 잔치

　우무묵 큰 덩어리 들고 놀러 나온 아이는 제삿집
아이같이 어깨가 올라갔었지 돌아가며 한입씩
먹이다 모자라면 자기 집으로 달려가 솥뚜껑을
여는 거야 큰 솥에 가득 쑤어 놔두고 엄마는 물질하러
가버리면 동네잔치가 되는 거지

　그 많은 걸 다 먹어치웠냐고 엄마한테 꾸중 듣는
소리가 쟁쟁 옆집까지 넘어와 가면 눈치 빠른 옆집
엄마도 잘 바랜 우뭇가사리 얼른 씻어 안치지

　미숫가루 풀어놓고 냉국 해먹을 생각에 침이 꿀꺽
넘어가지만 오래 끓이고 거르고 식혀서 굳히고
하려면 날 꼴딱 샐 거지

깅이 반찬

깅인 아모나 잡는 것이 아니주
손이 재야 ᄒᆞ곡
줍게발 양착을 ᄒᆞ디 심엉 물리지 안ᄒᆞ여야 ᄒᆞ곡
벡 탕 둘아나지 못ᄒᆞ게 짚은 통에 잡아놔사 ᄒᆞ여

깅이 하영 잡은 날 반찬을 멩글젠 ᄒᆞ민
믄저 장콩을 볶아 놔두어사 ᄒᆞ곡
깅이는 ᄏᆞ콜이 싯엉 헤감ᄒᆞ영 구진 거 잘 씰어내곡
장물에 하간 양념ᄒᆞ곡 고치도 썰어낳
깅이부터 볶은 후제 볶은 콩 툭 던져낳
ᄀᆞ 들게 볶으민 뒈는 거주

요셋말로 입에 착 부뜨는 단짠에
영양가 이신 제주 반찬
오일장 할망장터에서 어떵ᄒᆞ당
깅이 반찬 만나지민 어가라 사주
제주 사름덜만

게 반찬

게는 아무나 잡는 게 아니지
손이 빨라야 하고
집게발 양쪽을 함께 잡아 물리지 않아야 하고
벽 타서 달아나지 못하게 깊은 통에 잡아놔야 해

게 많이 잡은 날 반찬 만들려면
먼저 장콩을 볶아 놔두어야 하고
게는 깨끗이 씻어 해감해 궂은 거 잘 닦아내고
간장에 갖은 양념하고 고추도 썰어두고
게부터 볶은 다음 볶은 콩 툭 던져놔
간 들게 볶으면 되는 거지

요샛말로 입에 착 붙는 단짠에
영양가 있는 제주 반찬
오일장 할망장터에서 어쩌다가
게 반찬 만나지면 바로 사지
제주 사람들만

콩입에 멜젓

콩입은 똑 젓갈에 먹어사 ᄒ여
뒌장에도 먹어보곡
고치장에도 조쳐보앗주마는
젓갈에 먹어사 제라ᄒ 맛이 나주
미릇 둡아논 멜젓
콩입 날 ᄀ리 뒈민 맞춤ᄒ게 익을 거난

어랑어랑ᄒ 콩입 톤아당
밥에 젓에 풀고치도 톡 언정
ᄒ 굴레 볼망뎅이 터지게 씹어가민
비린 것이 쿠싱ᄒ여가멍 둘코롬도 ᄒ여가멍
씹을 때마다 뜨난 맛이 나는 거라
콧준둥이에 뚬이 와작 나멍
맛좋다 소리가 절로 나주

게고데고 콩입 좋아해난 그 아인 잘 살암신가

콩잎에 멸젓

콩잎은 꼭 젓갈에 먹어야 해
된장에도 먹어보고
고추장에도 곁들여보았지만
젓갈에 먹어야 옳게 맛이 나지
미리 담가둔 멸젓
콩잎 날 철 되면 알맞게 익을 거니

싱싱한 콩잎 따다
밥이랑 젓이랑 풋고추도 톡 얹어
한 입 볼이 미어지게 씹다보면
비린 것이 구수해가다 달짝지근해가면서
씹을 때마다 다른 맛이 나는 거야
콧잔등에 땀이 와락 나면서
맛좋다 소리가 절로 나지

그나저나 콩잎 좋아하던 그 아인 잘 살고 있나

보리개역

쏠이 어디 이서
춥쏠이 어디 이서
오뉴월에 보리 나민
그걸로 개역부터 멩그는 거주

가마솟에 보리 볶앙 글아오민
그게 보리개역이주마는
너미 케우지 말앙 설게도 말앙
맞지좋게 잘 볶아사 맛존 개역이 뒈난
우리 할망 튼다앚주

개역 해오는 날은 얼랍정
종이에 그루 담앙 입에 비우당 극겨가멍
밥에도 보벼보앗닥 우미에도 놓아보앗닥
둔 거 퍼놓앙 범벅으로도 먹곡
물 푼드랑ᄒ게 비왕 호로록 드르쓰기도 ᄒ곡

보리 개역은 입다심 양석이엇주
일ᄒ당 시장기 나민 드르쓰곡

보리미숫가루

쌀이 어디 있어
찹쌀이 어디 있어
오뉴월에 보리 나면
그거로 미숫가루부터 만드는 거지

가마솥에 보리 볶아 갈아오면
그게 보리미숫가루지만
너무 타지 않게 설지도 않게
알맞게 잘 볶아야 맛좋은 미숫가루가 되니
우리 할머니 지켜 앉았지

미숫가루 해오는 날은 덤벼들어
종이에 가루 담아 입에 비우다 사레들고
밥에도 비벼보았다 우미에도 넣어보았다
단 거 퍼놓아 범벅으로도 먹고
물 넉넉히 부어 호로록 들이키기도 하고

보리미숫가루는 간편한 양식이었지
일하다 시장기 나면 들이키고

어멍 바빵 밥 어실 때도 보리개역 이시민
배고프진 안ᄒ여시난

진진흔 장맛ᄀ리에 보리개역이라도 멩글민
벳이 드는 거주

엄마 바빠 밥 없을 때도 보리미숫가루 있으면
배고프지는 않았으니

긴긴 장마철에 보리미숫가루라도 만들면
볕이 드는 거지

쉰다리*

아적에 흔 보리밥 쉬지 말렌
차롱에 펑 드랑드랑 둘아멩 놔두어도
정심 때 먹젠 보민 쉰내가 무큰
그 족흔 걸 내불지 안흐젠 멩근 게
쉰다리라

쉰밥 휘휘 씻엉
그레 벳에 잘 몰린 누룩 흐썰 훍엉
단지에 담앙 물 비와낭 놔두민 발효가 뒈는 거여
밥 방울이 동동 트든가 희영흔 막이 생기민 문 뒌 거주

여름에 쉰다리 먹으민
배도 안 아프곡 똥도 곱느네
요세 아이덜은 쉰다리에 이거 저거 낳
더 맛좋게 벨아벨 거 문딱 멩글앙 먹엄선게
알록달록 눈 호강 입 호강 엄부랑흐여

* 쉰다리: 여름에 마시는 제주의 전통 음료.

쉰다리

아침에 한 보리밥 쉬지 말라고
채롱에 퍼서 달랑달랑 달아매 놔두어도
점심 때 먹으려면 쉰내가 물큰
그 아까운 걸 내버리지 않으려고 만든 게
쉰다리야

쉰밥 휘휘 씻어
거기 볕에 잘 말린 누룩 약간 섞어
단지에 담아 물 비워 놔두면 발효가 되는 거지
밥 방울이 동동 뜨든가 하얀 막이 생기면 다 된 거야

여름에 쉰다리 먹으면
배도 안 아프고 똥도 고와요
요새 아이들은 쉰다리에 이거 저거 넣어
더 맛좋게 별의별 거 다 만들어 먹고 있던데
알록달록 눈 호강 입 호강 엄청나더라고

셋
―――

구슬

콩국

콩국은 ᄒᆞ시
ᄒᆞ시가 웃음이 뒈곡
울음도 뒈곡

물 궤민 거씬 개여 논 콩가루 놓곡
콩물 궤민 거씬 채 썬 눔삐영 ᄂᆞ물 놓곡
ᄒᆞᆫ 번 더 궤는 그리에 거씬 소곰 들이치민
몽글몽글 마술이 일어나주

두껑 더끄지 말곡
눈 테지 말앙 직ᄒᆞ여사
그리를 못 맞추민 괄락
ᄒᆞ시에 부꺼불어

무시거나 맛좋젠 ᄒᆞ민 멩심ᄒᆞ여사주
멩심ᄒᆞ민 멩심 덕이 싯넨 ᄒᆞ여시난

콩국

콩국은 순간
순간이 웃음이 되고
울음도 되고

물 끓으면 얼른 개어 놓은 콩가루 넣고
콩물 끓으면 얼른 채 썬 무랑 배추 넣고
한 번 더 끓는 순간 얼른 소금 집어넣으면
몽글몽글 마술이 일어나지

뚜껑 덮지 말고
눈 떼지 말고 지켜서야
때를 못 맞추면 꽐락
삽시간에 넘쳐버려

무엇이든 맛있으려면 명심해야지
명심하면 명심 덕이 있다 하였으니

돔베궤기

경 벨 거 다 놓으멍 복잡ᄒ게 안ᄒ여
거믄 도세기궤기를 궤는 물에 들이쳥
아쏙 끌령 궂인 거 ᄏ콜이 싯어놓아둉
소곰 놓곡 약폴 이시민 약폴도 ᄒ썰 놓앙 앚져
차 ᄒᆞᆫ 잔 마셤시민 숨아진 내음살이 나갈 거라

그 다음이 중요ᄒ주
불은 꺼도 두껑은 울지 말앙
ᄒᆞᆫ 시간 넘게 ᄀ만히 놓아둠서 틈재우는 거라
경ᄒ여사 궤기 맛이 짚어지주

그릇치레 홀 거 어시
돔베에 납실납실 썰엉 돔베추렴* ᄒ는 거
요지금은 경ᄒᆞᆫ 게 또시 ᄒᆞᆫ 멋이렌 ᄒ데

요세 아이덜은 젓갈 쌈장에 죽아 먹주마는
삼춘덜은 장물에 톡 죽아 먹나
그자 두투멍 먹당보민 ᄒ나 죽어도 몰르주

돔베고기

그리 별 거 다 넣으며 복잡하게 안 해
검은 돼지고기를 끓는 물에 집어넣어
잠깐 끓여 굳은 거 깨끗이 씻어놓아 두고
소금 넣고 약초 있으면 약초도 조금 넣어 안쳐
차 한 잔 마시고 있으면 삶아진 냄새가 나갈 거야

그 다음이 중요하지
불은 끄지만 뚜껑은 열지 말고
한 시간 넘게 가만히 놓아둔 채 뜸을 들이는 거야
그래야 고기 맛이 깊어지지

그릇치레 할 거 없이
도마에 납작납작 썰어 돔베추렴 하는 거야
요즘은 그런 게 또 한 멋이라 하데

요새 아이들은 젓갈 쌈장에 찍어 먹지만
삼춘들은 간장에 톡 찍어 먹어
그저 다투며 먹다보면 하나 죽어도 모르지

거믄 도세기 추렴ᄒᆞ는 날은
동네 잔칫날이 뒈영
아이덜도 놀개 돌앙 쿼어뎅겨시난

✽ 돔베추렴: 삶은 돼지고기를 도마에 썰면서 바로 나눠 먹는 일.

검은 돼지 추렴하는 날은
동네 잔칫날이 되어
아이들도 날개 달아 뛰어다녔으니

고사리 육개장

고사리 육개장은
도세기 슬믄 물 데껴불지 안ᄒ영 끌리는 거라

궤기 슬믄 물에 고사리 하영 썰어놓곡
슬믄 궤기도 ᄒ썰 좀질게 썰어낳
오래 궤우당 ᄆᆞᆯᄀᆞ루 타놓곡 ᄒ영
푸달푸달ᄒ게 끌리는 거주

술안주로도 좋곡
섭섭ᄒᆞᆯ 때 ᄒᆞᆫ 사발 먹으민 요기도 뒈여

빗난 쉐궤기 엇어도
ᄒᆞ나도 섭섭ᄒᆞ지 안ᄒ영
푸지근ᄒ고 든든ᄒ여시난

윳집 손지덜은 할망 죽어브난
고사리 육개장도 엇어졋덴
어멍은 무사 못멩글암시넨
잊일 만ᄒ민 붕진붕진ᄒ염덴

고사리 육개장

고사리 육개장은
돼지 삶은 물 버리지 않고 끓이는 거야

고기 삶은 물에 고사리 잔뜩 썰어놓고
삶은 고기도 좀 잘게 썰어놔
오래 끓이다 메밀가루 풀어놓고 해서
되직하게 끓이는 거지

술안주로도 좋고
출출할 때 한 그릇 먹으면 요기도 돼

비싼 쇠고기 없어도
하나도 섭섭하지 않고
푸짐하고 든든하였지

옆집 손자들은 할머니 돌아가시니
고사리 육개장도 사라졌다고
엄마는 왜 못 만드느냐고
잊을 만하면 투덜투덜한다네

고갈비

고갈비렌 들어봅디가
육지 사름덜은 짐작도 못홀 거라예
당일바리* 고등어에 흙은 소금 칙칙 삐영
연탄불에 구운 것이 고갈비우다
누게산디 일름도 잘 지어서예

대학생덜 흔디 모다정 밥 먹곡 술 먹곡 홀 때민
그자 느랑 시키는 것이 고갈비엿주예
궤기는 빗나고 널어진 게 고등어난예

지름 좔좔 나는 고갈비 불내 나게 구웡 먹으민
맛도 좋고 베도 불러시난예
이제는 무사 그 맛이 아니 남신지
가스 불에 구워브난 맛이 덜흔가 흐연
숫불 피와봄수다마는 그 시절 그 맛은
그 시절에 가사 뒐 거 담수다

* 당일바리: 그날 잡은 생선.

고갈비

고갈비라고 들어보셨나요
육지 사람들은 짐작도 못할 겁니다요
당일바리 고등어에 굵은 소금 칙칙 뿌려
연탄불에 구운 게 고갈비예요
누군지 이름도 잘 지었어요

대학생들 함께 모여 밥 먹고 술 먹고 할 때면
그저 늘 시키는 게 고갈비였지요
고기는 비싸고 널린 게 고등어였으니까요

기름 좔좔 흐르는 고갈비 불향 나게 구워 먹으면
맛도 좋고 배도 불렀으니까요
이제는 왜 그 맛이 안 나는지
가스 불에 구워서 맛이 덜한가 해서
숯불 피워봅니다만 그 시절 그 맛은
그 시절에 가야 될 거 같네요

갯주리 졸임

무시거가 경 맛좋안 싀 끄니를 줄창
갯주리 졸임만 시겨신고예
토락토락흔 술맛이 좋아시카
베지근흔 국물 맛이 좋아시카

수메밀* 모살밧디 일출봉만이 제겨낭
동네 사름 문딱 불렁 그져가렌 다울려난
바릇궤기도 아인 갯주리가 요지금은 어성 못 먹는
빗난 바릇궤기가 뒈어불어수다

어떵ᄒ당 걸리는 날엔
마농지영 볶은 콩도 놓곡
장물에 고칫ᄀ루 들이치는 체 ᄒ여그네
복삭 졸르아봤수다

갯주리 졸임에 환장ᄒ는
그 육지 시인도 거느리멍
밥이영 ᄀ치 우영팟 송키에 싸그네
굴레 ᄀ득 오막오막

✱ 수메밀: 성산포 바다 지명.

쥐치 조림

뭐가 그리 맛있어서 세 끼니를 줄곧
쥐치 조림만 주문했을까요
탄탄한 살맛이 좋았을까
개운한 국물 맛이 좋았을까

수메밑 모래밭에 일출봉만큼 쌓아놓고
동네 사람 다 불러 가져가라고 재촉했던
생선도 아닌 쥐치가 요즘은 없어서 못 먹는
비싼 생선이 되어버렸어요

어쩌다 걸리는 날엔
풋마늘장아찌하고 볶은 콩도 넣고
간장에 고춧가루도 살짝 넣어서
푹 졸여봅니다

쥐치 조림에 환장하는
그 육지 시인도 끄집어내며
밥이랑 같이 텃밭 야채에 싸서
한입 가득 오막오막

갈치속젓

저슬 준디젠 드끈 지름을 올려가난
고슬 갈치가 맛싯는 거여
게난 고슬엔 갈치 흔 짝을 사는 거주

갈치 토막은 익은 호박 썰어놩 갈치국 끌리곡
소금 뿌령 꿰집에 구웡도 먹곡
튼내기만 ᄒ여도 춤 숨져점저

내장이영 꼬랑지영 대가리영
ᄒ나도 내불지 안ᄒ영 소금ᄒ영
단지에 담앙 든든이 싸놔두민
젓이 뒈는 거주

고슬에 둡근 젓은
멩년 봄이나 여름 뒈여사 먹어지는 거
잘 익은 젓에 하간 양념ᄒ영 뒈직ᄒ게 골아
경ᄒ여사 제라흔 갈치속젓이 뒈는 거주

갈치속젓

겨울 견디려고 잔뜩 기름을 올려가니
가을 갈치가 맛있는 거야
그러니 가을엔 갈치 한 짝을 사는 거지

갈치 토막은 익은 호박 썰어 넣어 갈치국 끓이고
소금 뿌려 깨짚에 구워서도 먹고
생각만 해도 침 삼켜지네

내장이랑 꼬리랑 머리랑
하나도 버리지 않고 소금 쳐서
단지에 담아 단단히 싸 놔두면
젓갈이 되는 거지

가을에 담근 젓갈은
다음해 봄이나 여름 되어야 먹어지는 거
잘 익은 젓갈에 갖은 양념해서 되직하게 갈아
그래야 제대로 갈치속젓이 되는 거지

집집이 양념이 달르곡
맛도 흐썰씩 달르난
먹는 주미가 더 싯는 거

올리 갈치속젓은 어떵흔 일산디
눈물 나게 맛좋앙 곱지멍 먹으멘

집마다 양념이 다르고
맛도 조금씩 다르니
먹는 재미가 더 있는 거

올해 갈치속젓은 어쩐 일인지
눈물 나게 맛좋아 숨겨 먹고 있어

호박 탕쉬

제주토종호박은 또난 호박덜 7치
떡 벌어지게 크지 안ᄒ여
오도낫ᄒ게 옯고 든든ᄒ주
하간 호박덜 모시딱이 먹어보앗주마는
제주토종호박추룩 맛존 호박이 어서
모이멍도 까실락ᄒ지 안ᄒ고
둘코롬ᄒ멍 조롬에 오는 맛이 짚어

호박 익어가민 어가라 탕
숭덩숭덩 썰엉 소금만 술짝 뿌령
물 ᄒ쏠만 낭 마직ᄒ게 숢아
물락ᄒ민 안뒈곡 설어도 안뒈곡
마직ᄒ게 숢는 게 젤로 어렵주

잘 숢기만 ᄒ민
ᄎᆞᆷ지름에 꿰만 삐어놓아도 맛좋아
게난 추석 탕쉬로 호박 탕쉬를 ᄒ는 거주

호박 나물

제주토종호박은 다른 호박들처럼
떡 벌어지게 크지 않아
얌전하게 옹골차고 단단하지
갖은 호박 다 먹어보았지만
제주토종호박처럼 맛있는 호박이 없어
메지면서도 퍽퍽하지 않고
달콤하면서 뒤에 오는 맛이 깊어

호박 익어 가면 제때 따서
숭덩숭덩 썰어 소금만 살짝 뿌려
물 조금만 놓고 맞춤하게 삶아
물컹하면 안 되고 설어도 안 되고
맞춤하게 삶는 게 최고로 어렵지

잘 삶기만 하면
참기름에 깨만 뿌려도 맛있어
그러니 추석 나물로 호박 나물을 하는 거지

호박꽃 족도리로 써그네
애기 호박 돌아진 거 베려봐봐
저거추룩 곱닥흔 것이 또 이시카

호박꽃 족두리로 쓰고
애기 호박 달린 거 좀 봐봐
저리 고운 게 또 있을까

청묵

잔칫상에 하간 음식이 ᄀ득ᄒ여도
ᄆ첨 손이 가는 건 청묵이주예
산도록ᄒ게 ᄒ입 숨져야
뜨난 음식덜도 술펴지난예

제사 때도 청묵 해놓으민
잘 추렷덴 칭찬 들읍니께
손님덜도 좋아ᄒ주마는
핑계에 우리도 먹젠
손을 부찌는 거주예

ᄆ멀 둥갓당 끗어시 무르줴영
즙빠는 게 어렵곡
눌어 불민 안 뒈난
끗도 어시 젓는 게 심들어예

꿰쟁이덜은 어떵ᄒ당
쉬웁게 ᄒ는 법을 튼내기도 홉니께
즙빠는 건 둥갓당 쥬서기에

메밀묵

잔칫상에 갖은 음식이 가득해도
먼저 손이 가는 건 메밀묵이지요
개운하게 한입 삼켜야
다른 음식들도 살펴지니까요

제사 때도 메밀묵 해놓으면
잘 차렸다고 칭찬 들어요
손님들도 좋아하지만
핑계에 우리도 먹으려고
손을 들이는 거지요

메밀 담갔다 끝없이 주물러
즙내는 게 어렵고
눋어 버리면 안 되니
끝없이 젓는 게 힘들어요

꾀쟁이들은 어쩌다
쉽게 하는 법을 생각해내기도 합니다
즙내는 건 담갔다 쥬서기에

물만 잘 맞쳥 내리민 신통방통
즙 뜨로 건지 뜨로 촤악 내려지곡예
전기밥솟에 두껑 올앙 묵을 쑤민
카지도 안ᄒ고 젓기도 쉬웁곡
경 좋을 수가 어서예

오는 멩질에도 청묵은 똑 쑤어사 ᄒ난
ᄆ멀쑬 출령 놔두어사쿠다

물만 잘 맞춰 내리면 신통방통
즙 따로 건더기 따로 촤악 내려지고요
전기밥솥에 뚜껑 열어 묵을 쑤면
타지도 않고 젓기도 쉽고
그리 좋을 수가 없어요

오는 명절에도 메밀묵은 꼭 쑤어야 하니
메밀쌀 준비해 놔두어야겠네요

상웨떡*

젤 어려운 떡이 상웨떡이우다
빵이나 떡이나 이영저영 흐믄
대걸룽 ᄆ심먹은 양 뒈어 가는디
상웨떡은 지멋대로 되엇닥 말앗닥 흐여노난
막 뛔셔야 먹어지는 겁주

밀ᄀ루로 멩글아신디 무사 떡이렌 골암시넨
따주는 사름덜도 싯주마는 예전원
이걸 하영 멩글앙 상에도 올려시난예

밀ᄀ루에 막걸리 비와낭 물앙
부끄민 빗상웨로 넙작 솔롬ᄒ게도 멩글곡
동글랑ᄒ게도 멩글앙 쳐놓앗당
굽기도 ᄒ곡 치기도 ᄒ멍 ᄋ라 날 먹어수게

팔월 멩질 그리가 딱 발효ᄒ기 좋앙
ᄀ루도 하영 물아낭 둥사다시피 ᄒ는디
부끄지 안ᄒ영 망쳐불민 진짜로 눈물조배기 ᄒ여져예

상웨떡

제일 어려운 떡이 상웨떡입니다
빵이나 떡이나 이럭저럭 하면
대충 마음먹은 대로 되어 가는데
상웨떡은 제멋대로 되었다 말았다 해버리니
아주 모셔야 먹어지는 거지요

밀가루로 만들었는데 왜 떡이라 하냐고
따지는 사람들도 있지만 예전엔
이걸 많이 만들어 상에도 올렸으니까요

밀가루에 막걸리 부어놓고 반죽해
발효되면 시루떡같이 넙적 길쭉하게도 만들고
동그랗게도 만들어 쪄두었다
굽기도 하고 찌기도 하며 여러 날 먹었어요

팔월 명절 즈음이 마침 발효하기 좋아
잔뜩 반죽해놓고 지켜 서다시피 하는데
부풀지 않아 망쳐버리면 진짜로 눈물 쏟아져요

경흐여노난 장싯집의서도 폴켄 덤비질 안흐염수게
야튼 상웨떡이 귀흔 떡이 뒈어불엇덴 말이우다

흐긴 빵 중에 젤로 고급인 천연발효 빵이난예
심드랑흐게 둥기는 훗맛이 끗내주주예
맛존 상웨떡 구흐레 뎅기당 버치민 술쩨기
막걸리 앚져보암수다마는

✱ 상웨떡: 보리나 밀가루에 막걸리를 넣어 발효하여 찐 빵.

그래 놓으니 가게에서도 팔겠다고 덤비질 않지요
여하튼 상웨떡이 귀한 떡이 되어버렸다는 말이에요

하긴 빵 중에 제일 고급인 천연발효 빵이니까요
무심히 당기는 뒷맛이 끝내주지요
맛좋은 상웨떡 구하러 다니다 힘들면 슬며시
막걸리 안쳐봅니다만

넷
―――
저슬

생선국

제주에서 생선이렌 ᄒ민 그건 옥돔을 ᄀᆮ는 소리여
맛좋고 귀ᄒ연 젯상에 올리는 대표 생선이난
경 데접을 받는 거주

소들소들 몰리왓당 구워도 맛싯주마는
삼춘들은 생선국을 좋아한다
메역도 좋주마는 돌코롬ᄒ 저슬 ᄂᆞᆷ삐 낭 끌려사
췌고로 맛좋주

어떵ᄒ당 돈직ᄒ 당일바리 만나지민
아멩 빗나도 어가라 제숙으로 사놓으난
제삿집 생선국이 젤로 맛좋아
게난 파제ᄒ영 음복ᄒ멍 밥은 말덴ᄒ여도
생선국은 너나엇이 받앙 아진다

두 사발 못 먹는 멜베설 어멍이
생선국 두 사발 먹는 거 보멍
우리 아이덜 놀레 자빠지주

생선국

제주에서 생선이라고 하면 그건 옥돔을 일컫는 말이야
맛좋고 귀해 제사상에 올리는 대표 생선이니
그런 대접을 받는 거지

꾸덕꾸덕 말렸다 구워도 맛있지만
어르신들은 생선국을 좋아해
미역도 좋지만 달큰한 겨울 무 넣고 끓여야
최고로 맛있지

어쩌다 묵직한 당일 생선 만나지면
아무리 비싸도 제때 제숙으로 사놔두니
제삿집 생선국이 제일 맛있어
그러니 파제해 음복하면서 밥은 사양해도
생선국은 너나없이 받아 앉는다

두 그릇 못 먹는 멸치배 엄마가
생선국 두 그릇 먹는 거 보며
우리 아이들 놀라 자빠지지

몸국

그 벌겅흔 손
실립단 버쳔 칭칭 곳아가는 손으로
박박 문질르곡 헤읍곡
물강흔 물이 나올 때꼬지 몸을 뽈고 뽈아사
먹어지는 중 알암신가

바당 소곱에 들엉 숨 촘으멍 주물앙
멧날 멧일을 물리멍 장만ᄒ여 두어사
먹어지는 중 알암신가

가문잔치 전날 도세기 숢는 날은
몸국을 끌려사 동네잔치가 뒈어시난

ᄉ나이덜은 가마솟 욮의 부떵
몸국 몸냥 먹으멍 술도 몸냥 먹엉
버친 몸 망시리 등짐 졍 날른 게 나여
글아가멍 거드럭거드럭ᄒ멍 벌겅ᄒ게 웃으멍

모자반국

그 벌건 손
시리다 못해 칭칭 얼어가는 손으로
박박 문지르고 헹구고
말간 물이 나올 때까지 모자반을 빨고 빨아야
먹어지는 줄 알고나 있나

바다 속에 들어 숨 참으며 채취해서
몇날 며칠을 말리며 마련해 두어야
먹어지는 줄 알고나 있나

가문잔치 전날 돼지 삶는 날은
모자반국을 끓여야 동네잔치가 되었으니

남자들은 가마솥 옆에 붙어
모자반국 맘껏 먹으며 술도 맘껏 먹어
무거운 모자반 망사리 등짐 져 나른 게 나야
지껄이며 으스대며 벌겋게 웃으며

ᄂ물 뒌장국

메르치 멧 개 놓곡
우리 집 뒌장 풀엉 끌린 물에
우영팟듸 ᄂ물 투다당
손으로 모지려 놓앙 끌리민 뒌장국이주
눕삐 이실 땐 눕삐도 ᄒ썰 썰어놓곡

나 국에 메르치라도 ᄒ나 들민
궤기 든 거추룩 지꺼지곡
매날 먹엉 눼어신가 ᄒ당도
베 꿀꿀 아픈 날은 이거 몬저 튼내지곡
객지에서 석석ᄒ 날은 무사 경 기리운디사

아이덜 집의 오켄 연락ᄒ 멍도
어멍 뒌장국부터 춫으난

배추 된장국

멸치 몇 개 넣고
우리 집 된장 풀어 끓인 물에
텃밭에 배추 뜯어다
손으로 무지러 넣어 끓이면 된장국이지
무 있을 땐 무도 약간 썰어놓고

내 국에 멸치라도 하나 있으면
고기 든 거처럼 기쁘고
매일 먹어 싫증났나 하다가도
배 꿀꿀 아픈 날은 이거 먼저 생각나고
객지에서 허전한 날은 어찌 그리 그리운지

아이들 집에 온다고 연락하면서도
엄마 된장국부터 찾으니

ᄆᆞ멀칼국

꿩코 놓아봅디가
오라방덜 저슬방학 자파리엇주예

어떵ᄒᆞ당 눈 어둑은 꿩이라도 ᄒᆞ나 걸어진 날은
고팡에 곱져둔 ᄆᆞ멀ᄀᆞ루를 앗아내는 거라마시

ᄆᆞ멀ᄀᆞ루는 뒈게 몰아도 몰랑ᄒᆞ주마는
꿩 딸린 물에 놈삐 썰어낳 폭 끌리민
씹지 안ᄒᆞ여도 꿀딱 숨져지주예

이 싀상 맛이 아닌 거ᄀᆞ튼
그 맛이 기리왕
나 이제도록도 촛아댕겸수다

웃드르 벗네 집의서 웃음차데기ᄒᆞ멍
둘러앚앙 먹어난 그 ᄆᆞ멀칼국도 기립곡

할망 손심엉 먹으레 뎅겨난
동네 맛집 ᄆᆞ멀칼국도 기립곡

메밀칼국수

꿩덫 놓아보셨나요
오라버님들 겨울방학 소일거리였지요

어쩌다 눈 먼 꿩이라도 하나 걸린 날은
광에 숨겨둔 메밀가루를 내오는 거예요

메밀가루는 되직하게 반죽해도 말랑하지만
꿩 달인 물에 무 썰어놓고 푹 끓이면
씹지 않아도 꿀떡 넘어가지요

이 세상 맛이 아닌 거 같은
그 맛이 그리워
나 이제까지도 찾아다녀요

중산간 친구네 집에서 박장대소하며
둘러앉아 먹었던 그 메밀칼국수도 그립고

할머니 손잡고 먹으러 다녔던
동네 맛집 메밀칼국수도 그립고

동지풋죽

풋죽 호 사발을 몬 먹엇덴마시
아옵 둘 먹은 애기가 주는냥 옴막옴막 숨젼
데망세기만이 커진 베가 쏭쏭
제우 숨만 돌려쉬어가난 우리 할망 하르방
밤새낭 튼눈으로 둥 삿덴마시

물쳉이만호게 난
오숫 둘 만에 어멍 테어븐 손지
곤죽 쑤어멕이멍 킵당 보난
오꼿 일러블게 생겻덴
하르방이 스뭇 답달호엿덴
우리 할망 동지풋죽 양념으로
오널도 드시렴신게마시

동지팥죽

팥죽 한 그릇을 다 먹었다네요
아홉 달 먹은 아기가 주는 대로 옴쏙옴쏙 삼켜
머리빡만큼 커진 배가 쌔근쌔근
겨우 숨만 내쉬어가니 우리 할머니 할아버지
밤새도록 뜬눈으로 지켜 섰다네요

갓난 생쥐만 하게 태어나
여섯 달 만에 엄마 잃은 손녀
쌀죽 쑤어 먹이며 키우다 보니
그만 잃게 생겼다고
할아버지가 사뭇 닦달하였다고
우리 할머니 동지팥죽 양념으로
오늘도 얘기하네요

빙떡

진진흔 저슬방학 벗들 보고정ᄒ연
웃드르 벗네 집의 걸어걸어 가난
동네 벗들 몬딱 불러 모으데

고팡에 쏙 들어간게마는 ᄆ멀ᄀ루를 앗앙오데
소곰 놓곡 물 비와주멍 ᄒᆞᆫ ᄀᆞᆺ더레 젓으렌 ᄀ르치데
벗은 우영터레 돌아강 무수영 패마농을 매어오데

솟두겡이 탁 엎어놓
ᄆ멀 반죽 얍숙ᄒ게 부쳥
차롱 엎어논 디 톡 언저놓앙
무수채ᄂᆞ물 낭 곱닥ᄒ게 몰아노난
빙떡이 뒈어불데

지저가멍 먹어가멍
웃음발탁 ᄒ여가멍
날 볽는 중 몰랏주

빙떡

긴긴 겨울방학 벗들 보고 싶어
중산간 친구 집에 걸어걸어 갔더니
동네 벗들 다 불러 모으데

광으로 쏙 들어가더니 메밀가루를 가져나오데
소금 넣고 물 비워주며 한 방향으로 저으라고 가르치데
벗은 텃밭으로 달려가 무랑 쪽파를 뽑아오데

솥뚜껑 탁 엎어놓고
메밀 반죽 얇게 부쳐
채롱 엎어놓은 데 톡 얹어놓아
무채나물 넣고 곱게 말아놓으니
빙떡이 되어버리데

부쳐가며 먹어가며
웃고 떠들며
날 밝는 줄 몰랐지

똧아도 맛싯고
식으민 식은 대로 맛이시난
그자 흔엇이 들어갓주

게난 서울 사는 제주 사름덜은
뷔페에서 행사흐멍도 고향에서 빙떡 불렁
진진흐게 줄 삼십디다
벨아벨 맛존 것덜 데며져도
빙떡 문저

따뜻해도 맛있고
식으면 식은 대로 맛있으니
그저 한없이 들어갔지

그러니 서울 사는 제주 사람들은
뷔페에서 행사하면서도 고향에서 빙떡 불러
길게 줄 서 있더라고요
별의별 맛있는 것들 쌓여 있어도
빙떡 먼저

멩질떡

멩질 먹으레 가민 누게라도
밥에 국에 떡 반 ᄒᆞ나씩 테와주는 거
침떡 송펜 지름떡은 어느 집이나 몬 싯고
오메기떡 빙떡 상웨떡 ᄆᆞ멀만뒤 솔벤 절벤 ᄀᆞ튼 떡덜은
ᄆᆞ슴먹은 집덜만 ᄒᆞ는 거
반엔 떡이영 ᄀᆞ치 적도 ᄒᆞᆫ 점
구운 바릇궤기도 ᄒᆞᆫ 점
전도 ᄒᆞ나씩 언져주는 거

집집의 뎅기멍 밥 뽕끄렝이 먹은 아이덜은
밥은 아니 먹어도 반은 받앙 챙기는 거
이녁 좋아ᄒᆞ는 건 그 자리에서 옴막 먹어불곡
남은 건 고젱이에 꽂우앙 어가라 집의 아사강
출려논 차롱에 담앙 놔두는 거
집집의 떡이 뜨나고 전도 뜨나난 차롱원
하간 둘이 뜨곡 하간 벨덜이 뜨는 거

화리에 불 담앙 안지민 적쒜 톡 언정
벨도 띄우곡 달도 띄우곡

명절떡

명절 먹으러 가면 누구라도
밥에 국에 떡 반 하나씩 나눠주는 거
시루떡 송편 기름떡은 어느 집이나 다 있고
오메기떡 빙떡 상웨떡 메밀만두 솔편 절편 같은 떡들은
마음먹은 집들만 하는 거
반에는 떡이랑 같이 적도 한 점
구운 생선도 한 점
전도 하나씩 얹어주는 거

집마다 다니며 밥 잔뜩 먹은 아이들은
밥은 아니 먹어도 반은 받아 챙기는 거
자기 좋아하는 건 그 자리에서 쏙 먹어버리고
남은 건 꼬치에 꽂아 잽싸게 집에 가져가
챙겨둔 채롱에 담아 놔두는 거
집마다 떡이 다르고 전도 달라 채롱엔
갖은 달이 뜨고 갖은 별들이 뜨는 거

화로에 불 담아 앉으면 석쇠 톡 얹어
별도 띄우고 달도 띄우고

오라방덜은 비념연도 띄우멍
요라 날 ᄀ득훈 멩질을 먹는 거

누게네 집읜 조침떡이 췌고라
누게네 집읜 오메기떡이 맛좋아
거느리는 중 아난 심들어도 집집의
조상 느린 떡은 고벳이 맹그는 거

오라버님들은 소원연도 띄우며
여러 날 풍성한 명절을 쇠는 거

누구네 집엔 좁쌀시루떡이 최고야
누구네 집엔 오메기떡이 맛있어
들먹이는 줄 아니 힘들어도 집집마다
조상 내린 떡은 고스란히 만드는 거

오메기술*

오메기술 앚지는 날은
오메기떡 맛보는 날
떡 익는 내음살 코삿ᄒ게 나가민
솟강알 앞의 트다앚는 거다

할망은 짐 팡팡 나는 오메기떡을 거려내영
물 비와가멍 무르쉐영 죽을 맹그는 거다
두터운 우리 할망 손에서도 짐 팡팡 나멍
아따불라 춤을 추당 꿈꿈ᄒ여가민
벳 잘 받앙 ᄀ시락ᄒ 누룩을 섵엉
또시 잘 젓어사 ᄒ다

ᄏ콜이 싯어논 항에 술 ᄀ슴덜을 비왕
항을 막앙 또신 방에 앚지민 우리덜은 메날
뜨난 술내를 맡으멍 줍을 자사 ᄒ다

둘코롬ᄒ 내음살이 나당
상낭에 둘아진 왼내 비슴ᄒ게 나가민
술 걸를 때가 됀 거다

116

오메기술

오메기술 안치는 날은
오메기떡 맛보는 날
떡 익는 내음새 기분 좋게 나가면
부뚜막 앞에 지켜 앉는 거다

할머니는 김 팡팡 나는 오메기떡을 건져내어
물 부어가며 짓주물러 죽을 만드는 거다
두꺼운 우리 할머니 손에서도 김 팡팡 나며
앗뜨거 춤을 추다 잦아들면
볕 잘 받아 뽀송해진 누룩을 섞어
다시 잘 저어야 한다

깨끗이 씻어놓은 항아리에 술 재료들을 부어
항아리를 봉하고 따뜻한 방에 안치면 우리들은 매일
달라지는 술 냄새를 맡으며 잠을 자야 한다

달콤한 냄새가 나다
향나무에 달린 오이 냄새 비슷하게 나가면
술 거를 때가 된 거다

기영 뒐 때꼬지 술항은
얼지도 안ᄒ고 떼불지도 안ᄒ 듸로 웽겨 뎅기멍
젓엇닥 말앗닥 ᄒ멍 신주단지추룩 뫠시어야 ᄒ다

어느 집의선 익어신가 ᄒ 잔
설어신가 ᄒ 잔 ᄒ단 보난
제주홀 것도 엇이 매기독닥 ᄒ연
두갓 싸움 ᄒ엿덴도 ᄒ다

✻ 오메기술: 차좁쌀 가루로 떡을 만들어 누룩을 넣어 발효한 제주 전통주.

그리 될 때까지 술항아리는
춥지도 않고 뜨겁지도 않은 데로 옮겨 다니며
저었다 말았다 하며 신주단지처럼 모셔야 한다

어느 집에서는 익었나 한 잔
설었나 한 잔 하다 보니
제주할 것도 없이 다 마셔버려
부부 싸움 하였다고도 한다

꿩엿

우리 아방 꿩바치난
아방 살아셍전읜 꿩 귀흔 중 몰라수다

저슬 틀민 큰큰흔 가마솟에
흐루헤천 골을 딸령 꿩엿을 멩글아수다

꿩은 숢앙 궤기만 다듬앙 칮어놓앗당
엿 몬 뒈어갈 때 흔디 낭 아쓱 끌리는 거우다
궤기 반 엿 반
영 궤기가 듬삭흐게 들어가사 진쯔 꿩엿십주

심심흘 적읜 흔 숫구락
섭섭흘 적읜 흔 종제기
저슬 내낭 아숩지 안흐게 쪽쪽 뽈아난
그 꿩엿이 아방 돌아간 후제
경 귀흔 음식인 걸 설릅게 께돌아수다

아방 기리운 날 꿈에도 시꾸는
궤기 반 엿 반

꿩엿

우리 아버지 꿩 사냥꾼이라
아버지 살아생전엔 꿩 귀한 줄 몰랐습니다

겨울로 들어서면 커다란 가마솥에
종일 엿기름을 달여 꿩엿을 만들었습니다

꿩은 삶아 고기만 다듬어 찢어두었다
엿 다 되어갈 때 같이 놔 살짝 끓이는 겁니다
고기 반 엿 반
이리 고기가 푸짐하게 들어가야 진짜 꿩엿입니다

심심할 때엔 한 숟갈
출출할 때엔 한 종지
겨울 내내 아쉽지 않게 쪽쪽 빨았던
그 꿩엿이 아버지 가신 후에
그렇게 귀한 음식이란 걸 서럽게 깨달았습니다

아버지 그리운 날 꿈에도 보이는
고기 반 엿 반

돔박지름 빠는 날

똑 벗덜이영 흔디 가사주
경ᄒ여사 지름 빠는 동안 말도 곧고

누게는 하도 맛 좋으난 독세기 지질 때 그 지름만 썸덴 ᄒ고
전 지질 때도 튀김 홀 때도 막 잘 뒈엄덴 곧고
물들영 베려분 머리까락도 돔박지름 볼랑 놔두엇당 곰으민 멘지락ᄒ영 좋아렌도 곧고
고슬에 돔박씨 익어 가민 털어질 때꼬지 지들리민 좋주마는 낭에 돌아정 타당보민 층 올랑 얼먹엇덴도 곧고
지름 빠는 삼춘신디 너믜 카게 볶으지말렌 쒜울러가민 돔박씬 5분만 데우쳐내영 또시 잘 물령 아저와산덴 기영ᄒ여사 지름이 잘 난덴 삼춘신디 실피 준다니도 듣곡

어멍 뎅겨난 지름 빠는 집윈
그 모냥 그대로 똘덜 메누리덜 모다들엉
지름도 빠곡 맛존 것도 먹곡 웃음차데기도 ᄒ곡

동백기름 짜는 날

꼭 벗들이랑 함께 가야 해
그래야 기름 짜는 동안 수다도 떨고

누구는 너무 맛나 계란 지질 때 그 기름만 쓴다 하고
전 지질 때도 튀김 할 때도 막 잘 된다고 하고
염색해서 상한 머리카락도 동백기름 발라 놔두었다 감으면 매끄러워 좋다고도 하고
가을에 동백씨 익어 가면 떨어질 때까지 기다리면 좋을 텐데 나무에 매달려 따다보니 벌레 올라 애먹었다고도 하고
기름 짜는 삼촌한테 너무 타게 볶지 말라고 소리치면 동백씨는 5분만 데쳐내서 다시 잘 말려 가져와야 한다고 그래야 기름이 잘 난다고 삼촌한테 실컷 잔소리도 듣고

어머니 다니던 기름 짜는 집엔
그 모양 그대로 딸들 며느리들 모여들어
기름도 짜고 맛난 것도 먹고 같이 떠들며 웃고

| 우리들의 발문 |

곗주리 졸업에 환장하는 • 안상학(시인)

엄마밥 • 김수현(전통주 소믈리에 · 와인 소믈리에)

| 우리들의 발문 |

겍주리 졸임에 환장하는

안상학(시인)

　제주말만 쓴 시는 무슨 말인지 뜻인지 알아보기도 알아듣기도 어렵다. 그러나 참을성 있게 따라 읽어 가노라면 어딘지 모르게 정감이 묻어나고 알 수 없는 다감한 목소리가 들리는 듯한 말맛에 매료된다. 김섬 시인의 시가 그렇다.

　이 시집은 제주말로 시를 쓰고 표준말로 해석본을 달아 놓았다. 제주말과 표준말을 넘나들며 시를 알아가는 과정에서 제주의 삶과 음식, 아름다운 사계는 어느새 나를 제주의 곳곳으로 끌어당긴다.

　갈치속젓을 처음 맛보고 반해버린 서귀포 어느 오

분자기 해장국집이 첫 자리다. 이 시집에는 없어서 아쉽지만 제주의 고기국수는 갈 때마다 찾아서 먹는다. 최애 음식은 겍주리 졸임, 쥐치에 조린 콩과 마늘 꽃대 장아찌를 넣어서 조린 것이다. 하루 세끼, 아니 일주일 정도는 내내 먹어도 물리지 않을 것만 같다. 이번 시집에 실린 「겍주리 졸임」에 환장하는 시인이 바로 나다.

    무시거가 경 맛좋안 싀 끄니를 줄창
    겍주리 졸임만 시겨신고예
    토락토락흔 술맛이 좋아시카
    베지근흔 국물 맛이 좋아시카

    수메밑 모살밧디 일출봉만이 제껴놩
    동네 사름 문딱 불렁 ᄀ져가렌 다울려난
    바릇궤기도 아인 겍주리가 요지금은 어성 못 먹는
    빗난 바릇궤기가 뒈어불어수다

    어떵ᄒ당 걸리는 날엔
    마농지영 볶은 콩도 놓곡
    장물에 고칫ᄀ루 들이치는 체 ᄒ여그네
    복삭 졸르아봠수다

￼ 객주리 졸임에 환장ᄒᆞ는
￼ 그 육지 시인도 거느리멍
￼ 밥이영 ᄀᆞ치 우영팟 송키에 싸그네
￼ 굴레 ᄀᆞ득 오막오막

「객주리 졸임」 전문

   오래전 몇몇 친구들과 김섬 시인의 집에 간 적이 있다. 잘 가꾼 집이며 정원과 텃밭이 꽤나 정겨웠다. 우리는 과분하게도 한 끼 식사 대접을 받았다. 이 시집에 등장하는 성게국(퀫국)과 옥돔구이, 여러 가지 밑반찬들은 참으로 정성된 손맛을 품고 있었다. 인상적이었다.

   바당에 강 퀴영 솜이영 ᄌᆞ물아 오민
   반착으로 갈랑 소곱에 노랑ᄒᆞᆫ 알만
   족은 수까락으로 ᄏᆞ컬ᄒᆞ게 골려내사주
   ᄒᆞᆫ 망시리 작업ᄒᆞ여도 막상 다듬아보민 하지 안ᄒᆞ여
   경ᄒᆞ난 퀴가 귀ᄒᆞᆫ 거주

촐렷댄 ᄒ는 큰일집읜

똑 퀫국이 이서사주

메르치 육수에 메역 놓앙 끌리당

퀘 놓앙 보르륵 끌려내기만 ᄒ여도

베지근ᄒ니 입에 촉 부떠불주

퀘가 원체 맛이 이시난

시방은 퀘도 귀ᄒ영

ᄒᆞᆫ 해 먹을 퀘 구ᄒ젠 ᄒ민

큰 좀수들 잘 사귀어 놓앗당

미릇 맞촤사 ᄒ주

「퀫국」 전문

  이 시집에 등장하는 모든 음식이 김섬 시인의 손을 거쳐 내 앞에 온다면 어떨까 하는 상상을 해본다. 아마도 한라산 소주 몇 병은 쉽게 쓰러뜨릴 맛이 아닐까 한다.

  제주를 떠올리면 늘 함께 그려지는 것이 동백꽃이다. 그 열매로 기름을 짠 것이 동백기름이다. 식용인 줄 이 시집을 읽고 처음 알았다. 종래에는 그저 흘러

간 그 옛날 신사들의 머리를 반들거리게 하는 용도로만 알았다. 그런데 먹는 것이라니. 그 맛은 어떨까. 동백기름을 쓴 요리를 꼭 한번 '오막오막' 먹어보고 싶다. 참고로 내가 사는 안동에는 동백나무가 없다.

 똑 벗덜이영 흔디 가사주
 경흐여사 지름 빠는 동안 말도 곧고

 누게는 하도 맛 좋으난 둑세기 지질 때 그 지름만 썸덴 흐고
 전 지질 때도 튀김 홀 때도 막 잘 뒈엄덴 곧고
 물들영 베려분 머리까락도 돔박지름 불랑 놔두엇당 곱으민 멘지락흐영 좋아렌도 곧고
 고슬에 돔박씨 익어 가민 털어질 때꼬지 지들리민 좋주마는 낭에 둘아정 타당보민 층 올랑 얼먹엇덴도 곧고
 지름 빠는 삼춘신디 너믜 카게 볶으지말렌 쒜울러가민 돔박씬 5분만 데우쳐내영 또시 잘 몰령 아저와산덴 기영흐여사 지름이 잘 난덴 삼춘신디 실피 존다니도 듣곡

어멍 뎅겨난 지름 빠는 집읜

그 모냥 그대로 똘덜 메누리덜 모다들엉

지름도 빠곡 맛존 것도 먹곡 웃음차데기도 ᄒᆞ곡

「**돔박지름 빠는 날**」전문

  이번 시집은 김섬 시인의 제주말 사랑의 또 하나의 결실이다. 앞으로도 이러한 노력이 지속될 것이라는 예감이 든다. 사계절의 음식을 넘어 또 어느 자락에서 어떤 서사를 지닌 아름다운 제주말을 풀어놓을지 벌써부터 기대가 된다.

엄마밥

김수현 (전통주 소믈리에·와인 소믈리에)

"뭐 먹고 싶냐?"

내려간다고 하면 늘 묻는 말이다.

"돔베고기, 고기국수, 미역국, 김치찌개, 오리탕…."

며칠 있지도 못할 거면서 주문이 거창해진다. 그래도 엄마는 미리 장을 보시고, 우영팟에서 이것저것 장만해 두었다가 차례로 만들어 주실 것이다. 나는 차근차근 그것들을 다 먹고 다시 힘을 낼 것이다. 아들이 힘든 걸 눈치 채고도 엄마는 묻지 않는다. 그저 먹고 싶다는 음식만 주구장창 해 먹인다. 어느 순간, 웃고 있는 나를 본다. 아무렇지 않게 하소연을 하기도 하고, 더러는 슬쩍 넘기기도 하지만 그저 엄마밥을 맛나게 먹다 보면 다 지나간다. 엄마밥은 위로고 치료며 행복이다.

이번에는 소믈리에인 아들을 위해 술도 담갔다 한다. 전통주에서 귀히 여기는 백수환동주(白首換童酒)라는 약주가 있다. "백발의 노인을 아이로 만들어주는 술" 이름만으로도 참으로 거창하다. 백수환동곡이라는 녹두누룩을 빚고, 녹두와 찹쌀을 넣어 이양주로 빚는 술이다. 엄마한테서 이 술의 이름을 들었을 때는 그러려니 했는데 전통주 수업 과정에서 아주 귀한 술이고, 만드는 일이 만만치 않고, 제대로 만드는 이도 없다는 얘기를 듣고 놀라웠다. 도대체 이런 전문 강의를 들은 적도 없는 엄마는 이걸 어떻게 알고 있는 걸까?(사실 이런 놀라움이 한두 번이 아니다.)

그런데 이번에 빚는 술이 바로 녹두찹쌀약주라 한다. 토종녹두를 수확한 김에 엄마가 고민한 레시피로 단양주를 담가보신다고 한다. 몹시 기대되었다. 내려간 다음 날, 엄마와 같이 술을 걸렀다. 맛나다. 얼마 전에 비싸게 구입한 백수환동주보다 더 맛나다. 엄마도 나도 입이 귀에 걸렸다.

평소에 하던 대로 메모를 남겼다.

*** **김수현 평** ************************

색: 옅은 레몬-그린.
향: 강도: 중간+, 녹두, 구운 은행, 완두콩, 레몬, 레몬밤, 흰 꽃.
맛: 강도: 중간+. 산도: 중간+. 당도: Dry. 바디: 중간.
알콜: 9~11도 예상. 여운: 중간+.

****

엄마도 평을 남겼다. 작가다운 평이다

*** **김섬 평** **************************

"좋은 술의 빛깔은 괭이 눈깔 같니라."
했는데 괭이 눈깔에 녹두빛을 살짝 섞은 빛깔이 되었다.

향은 입에 넣은 순간은 도드라지지 않은데 여운이 길다. 여러 시간 은은히 입 안에 감돈다.

맛은 기분 좋은 천연의 단맛. 밥을 오래 씹으면 느껴지는 없는 듯 있는 단맛이다.

시음하며 여러 번 홀짝거렸더니 살짝 취기가 올라온다. 10도에서 11도 짐작하며, 숙성되면 1~2도 올라갈 수 있다.

백수환동주 대신 빚어본 녹두 단양주, 새로운 세계를 하나 더 열었다. 뿌듯하다.

* *

엄마는 레시피를 더욱 다듬어 우리집 가양주로 만들겠다고 하신다. 참으로 대단한 엄마다.

예로부터 요리와 술은 만찬에서 늘 함께 갔다. 프랑스에서는 마리아주(mariage), 영어권에서는 페어링(Pairing)이라 부르며 요리와 술의 조화를 신경 썼다. 그래서 그 나라의 요리는 그 나라의 술과 가장 잘 맞는다.

늘 엄마가 해준 음식으로 만족하던 나는 요리에 관심이 없었다. 그런데 요즘 부쩍 요리를 배워둬야겠다는 생각을 한다. 특히 엄마 요리를 배워둬야겠다. 어디 가서 구할 수 있는 음식들이 아니기 때문이다. 맛의 방주 1호인 제주청태콩장과 고추장, 김치, 천연발효식초, 술 빚는 거… 헤아려 볼수록 엄두가 나지 않는다. 하여 틈틈이 조르기 시작했다. 엄마 음식 레시피 책 좀 펴내주시라고. 그래서 제주전통음식을 제주어 시집으로 펴내셨다는데, 중요 포인트는 잘 적어두었다는데, 행간에 숨은 포인트도 잘 찾아 읽어야 한다는데, 쉽지 않다. 부지런히 직접 해보는 수밖에 없다. 우선 내가 좋아하는 돔베고기부터.

    경 벨 거 다 놓으멍 복잡ᄒ게 안ᄒ여
    거믄 도세기궤기를 궤는 물에 들이쳥
    아쓱 끌령 궂인 거 ᄏ콜이 싯어놓아둉
    소금 놓곡 약풀 이시민 약풀도 ᄒ썰 놓앙 앚져
    차 ᄒ 잔 마셤시민 숢아진 내음살이 나갈 거라

    그 다음이 중요ᄒ주
    불은 꺼도 두껑은 을지 말앙
    ᄒ 시간 넘게 ᄀ만히 놓아둠서 틈재우는 거라
    경ᄒ여사 궤기 맛이 짚어지주

그릇치례 홀 거 어시

돔베에 납실납실 썰엉 돔베추렴 ᄒᆞ는 거

요지금은 경ᄒᆞᆫ 게 또시 ᄒᆞᆫ 멋이렌 ᄒᆞ데

요세 아이덜은 젓갈 쌈장에 족아먹주마는

삼춘덜은 장물에 톡 족아 먹나

그자 두투멍 먹당보민 ᄒᆞ나 죽어도 몰르주

거믄 도세기 추렴ᄒᆞ는 날은

동네 잔칫날이 뒈영

아이덜도 놀개 돌앙 쿼어뎅겨시난

「돔베궤기」전문

*** **요리 따라 하기** ********************

1. 우선 검은 도세기 앞다리 살을 아쓱 끌령 ᄏᆞᆯ이 씻어놓기.
   - 물에 식초를 살짝 넣어 끓여내야 비린내가 사라지고 고기도 연해진다는 엄마의 팁을 획득.
2. 소금은 우리 집 톳소금을 넣고, 가시오갈피를 3조각 넣어 끓임.

3. 차 한 잔 마시는 시간은 15분 정도.

4. 숨아진 내음살을 맡는 건 아무나 되는 게 아님. 개처럼 쿵쿵거리며 달라지는 냄새를 파악함.

5. 뚜껑 열지 않고 1시간 이상 두는 것은 저온 요리를 한다는 것이다. 덕분에 연하고 맛이 깊은 수육이 되었다.

* *

신통방통. 웬일이랍니까? 따라 했더니 제법 맛이 난다. 잡내가 없고, 고기가 연하고, 여운 있는 뒷맛까지. 거기에 우리 집 갈치속젓과 우영팟 콩잎이 절묘하게 어우러진다. 이 정도면 성공이다. 이제 한 고개를 넘었으니 두 고개, 세 고개도 가능할 것이다. 『오막오막』에 나온 음식들만 다 섭렵해도 굉장해질 것 같은 느낌이지만 아득하다.

어느새 올라갈 시간. 이번 담근 녹두약주부터 챙겼다. 그리고 미처 못 먹은 미역국, 오리탕, 김치찌개, 솔식초와 김치까지. 바리바리 싸들고 뿌듯이 올라간다. 당분간은 푸지근하겠다.

오막오막

2025년 10월 23일 초판 1쇄 발행

지은이　　김섬
펴낸이　　김영훈
편집　　　김지희
디자인　　부건영
편집부　　이은아, 김영훈
펴낸곳　　한그루
　　　　　제주특별자치도 제주시 복지로1길 21
　　　　　전화 064-723-7580　전송 064-753-7580
　　　　　전자우편 onetreebook@daum.net　누리방 onetreebook.com

ISBN 979-11-6867-243-7 (03810)

ⓒ 김섬, 2025

저작권법에 따라 보호를 받는 저작물입니다. 어떤 형태로든 저자 허락과 출판사 동의 없이
무단 전재와 복제를 금합니다. 잘못된 책은 구입하신 곳에서 교환해 드립니다.
이 책은 제주특별자치도와 제주문화예술재단의
2025년 제주문화예술재단 지원사업 후원을 받아 발간되었습니다.

값 10,000원